Como falar com os pais

ALEC GREVEN
ILUSTRAÇÕES DE KEI ACEDERA

Tradução de Maria P. de Lima

Editora Record
RIO DE JANEIRO • SÃO PAULO

2012

CIP-BRASIL. CATALOGAÇÃO NA FONTE
SINDICATO NACIONAL DOS EDITORES DE LIVROS, RJ

G857c

Greven, Alec
    Como falar com os pais / Alec Greven; ilustração de Kei Acedera; tradução de Maria P. de Lima. - Rio de Janeiro: Record, 2012.
    il.

    Tradução de: How to talk to dads
    ISBN 978-85-01-09817-7

    1. Pais - Psicologia - Literatura infantojuvenil. 2. Literatura infantojuvenil americana. I. Acedera, Kei. II. Lima, Maria P. de. III. Título.

12-3396.
                  CDD: 155.6462
                  CDU: 159.9:055.52-055.1

Título original em inglês: How to Talk to Dads

Copyright do texto © 2009 by Alec Greven
Copyright das ilustrações © 2009 by Kei Acedera

Publicado mediante acordo com HarperCollin's Children's Books,
uma divisão de HarperCollins Publishers.

Texto revisado segundo o novo Acordo Ortográfico da Língua Portuguesa

Todos os direitos reservados. Proibida a reprodução, no todo ou em parte, através de quaisquer meios. Os direitos morais do autor foram assegurados. Direitos exclusivos de publicação em língua portuguesa somente para o Brasil adquiridos pela EDITORA RECORD LTDA.

Rua Argentina 171 - Rio de Janeiro, RJ - 20921-380 - Tel.: 2585-2000
que se reserva a propriedade literária desta tradução.

Impresso no Brasil

ISBN 978-85-01-09817-7

Seja um leitor preferencial Record.
Cadastre-se e receba informações sobre nossos lançamentos e nossas promoções.

Atendimento e venda direta ao leitor:
mdireto@record.com.br ou (21) 2585-2002.

Este livro foi composto na tipologia
Century e impresso na Prol Editora Gráfica.

SUMÁRIO

Introdução 5

Capítulo Um: O jeito do papai 7

Capítulo Dois: Os dois lados de um pai 13

Capítulo Três: Do que os pais gostam 19

Capítulo Quatro: Do que os pais não gostam 25

Capítulo Cinco: Como os pais irritam os filhos 31

Capítulo Seis: Como os filhos irritam os pais 37

Capítulo Sete: O poder de um pai 43

Agradecimentos 48

INTRODUÇÃO

Este livro tem tudo o que você precisa saber sobre "o cara" da sua vida — seu pai!

Existem todos os tipos de pais. Talvez o seu seja do tipo que deixa você se safar sempre. Talvez ele seja durão — ainda mais durão que sua mãe! Talvez ele goste muito de falar sobre o que quer para o seu futuro.

Não se preocupe. Você vai encontrar tudo o que precisa saber sobre o seu pai aqui mesmo, neste livro. Se tiver sorte, talvez isso ajude você a se safar de algumas situações complicadas, se é que me entende.

Então, o que você está esperando? Vire a página!

CAPÍTULO UM

O jeito do papai

{ Os pais são mais bobos com as meninas porque elas são todas fofinhas e adoráveis. }

O jeito dos pais é um pouco diferente do das mães. Alguns filhos acham que o jeito deles faz com que se divertir seja mais fácil. Por exemplo: jogar *video game* um tempão...

Mas você está enganado se pensa que, por seu pai ser um cara legal, vai permitir que você faça tudo que quiser!

Os pais esperam que os filhos trabalhem duro, pois a vida não é fácil.

Os pais pegam mais leve com crianças mais novas, mas exigem bem mais das mais velhas.

Todo mundo sabe que os pais são mais bobos com as meninas porque elas são todas fofinhas e adoráveis. Se você é um menino, simplesmente precisa aceitar isso.

DICA: *Os pais deixam as meninas se safar muito mais vezes, a não ser quando se trata de namorar ou de meninos.*

Os pais também costumam fazer vista grossa às bobagens dos filhos bem mais do que as mães. Dependendo do que for, seu pai não vai contar para sua mãe se você fizer algo errado, tipo se comportar mal no consultório do médico; principalmente se você se corrigiu.

Um pai pensa mais tempo sobre as coisas do que a mãe, mas no fim ele normalmente segue o que sua mãe decidir. Se a mamãe está feliz, o papai está feliz.

CAPÍTULO DOIS

Os dois lados de um pai

{ *Tente manter seu pai no lado bom... Você pode ser recompensado.* }

Os pais têm um lado bom e um lado ruim. Depende totalmente do humor dele e de sua atitude.

Se você tem um comportamento exemplar, seu pai vai ficar feliz e você pode ser recompensado. Mas se você se comportar mal, o lado ruim do seu pai se revelará. E encrenca é tudo que você vai conseguir.

Tente manter seu pai no lado bom. Se ele for para o lado ruim, traga-o de volta logo. Os pais não têm graça quando vão para o lado negro.

De certo modo, os pais são durões. Não deixam que você desista e exigem que faça algumas coisas sozinho.

Mas em alguns aspectos os pais são mais tranquilos. Se você quer alguma coisa, pergunte primeiro ao seu pai e não à sua mãe. Tipo, se você quiser jogar um jogo impróprio para sua idade ou se quiser beber refrigerante em vez de suco na hora do jantar.

DICA: *Há 80% de chance de seu pai dizer sim e de sua mãe dizer não!*

Infelizmente, os pais gostam de deixar que as mães tomem muitas das decisões.

CAPÍTULO TRÊS

Do que os pais gostam

{ *Seu pai espera que você faça certas coisas, mesmo que ele não tenha pedido...* }

Os pais gostam de crianças honestas, prestativas e boas.
Seu pai espera que você faça certas coisas, mesmo que ele não tenha pedido, tipo arrumar seu quarto e cumprir com seus deveres.

Pais gostam de boas maneiras.
Eles também dão muito valor a olhar nos olhos e apertar a mão com firmeza quando se conhece alguém.

Alguns pais adoram acampar, principalmente no quintal de casa. Assim ele vai ter muito menos trabalho, porque não precisará dirigir, e, se você se comportar mal, ele pode simplesmente mandar você voltar para dentro de casa.

Jogar *video game* acalma os pais e os deixa de bom humor. Essa é uma boa maneira de fazer com que ele volte para o lado bom.

DICA: *Se você e seu pai brigarem, em 75% das vezes vocês irão fazer as pazes jogando* video game *juntos.*

CAPÍTULO QUATRO

Do que os pais não gostam

{ *Pais não gostam de choramingo.* }

Pais não gostam de crianças malcriadas ou que não sabem se comportar.
Se você fizer algo realmente ruim, como empurrar a irmã do escorrega, seu pai vai ficar muito zangado e você poderá ouvir alguns gritos.

Pais não gostam quando você reclama.
Se seu pai pede que você faça alguma coisa, simplesmente faça.
Se você reclamar, ele vai obrigar você a fazer em dobro.

Pais não gostam de choramingo, isso os deixa de muito mau humor.

Pais não gostam do truque "A mamãe deixa...".
Por exemplo: seu pai dá uma bola de sorvete e você diz a ele que sua mãe costuma deixar você comer duas. Cuidado! Se não for verdade, você está querendo ficar encrencado.

Muitas crianças também tentam pedir algo ao pai depois de a mãe já ter dito não.
Isso nunca dá certo.

DICA: *Tanto os pais quanto as mães costumam saber quando você está mentindo. Se você for pego, vai ganhar pais furiosos, castigo no quarto e alguns brinquedos a menos.*

CAPÍTULO CINCO

Como os pais irritam os filhos

{ *Ponto para o papai.* }

Uma coisa que irrita as crianças é quando seu pai não deixa você desistir, mesmo que esteja com dificuldades naquilo.

Mas os pais são espertos — ele vai parecer estar muito triste, e então você vai querer recomeçar o que há pouco pensou em deixar de lado, só para fazê-lo feliz.
Ponto para o papai.

Às vezes seu pai quer que você faça uma coisa, mas você quer fazer outra.

Talvez seu pai diga que você pode escolher entre fazer o dever primeiro ou brincar na casa do seu amigo e depois fazer o dever. Seu pai diz que você pode agir como quiser. Mas, na verdade, ele não quer dizer isso. Você sabe a decisão que deve tomar.

Dois pontos para o papai.

Outro truque que os pais usam é a conversa falsa. Em geral eles sabem quando vocês estão escutando atrás das portas e podem usar isso contra vocês.

Ele vai fingir que ligou para a escola dizendo algo do tipo:

"Ele não está ajudando a mãe com a roupa suja. Terá de ir para o colégio só de cueca."

E aí você se transforma no ajudante número 1 da família com a roupa suja.

Três pontos para o papai.

DICA: *80% dos pais usam esse truque; 60% das crianças acreditam.*

CAPÍTULO SEIS

Como os filhos irritam os pais

{ *Quando o assunto é fofoca, vá com calma.* }

Uma coisa que realmente incomoda os pais é a fofoca.

Quando o assunto é esse, vá com calma.
Só se arrisque se for algo sério. Se vir seu irmão e sua irmã usando cola com purpurina para fixar um desenho no chão, você deve contar para seu pai. É terrível limpar a purpurina depois.

Mas se seu irmão está brigando com sua irmã por causa de um brinquedo, não se envolva.

E mais: nunca entregue seu pai para sua mãe. Tipo se você vir seu pai bebendo leite do gargalo em vez de usar um copo. Ou se ele tiver deixado você jogar aquele *video game* impróprio, não conte para sua mãe!

DICA: *Se você fofocar, há 75% de chance de se envolver em problemas.*

As crianças também irritam os pais por não prestarem atenção. Isso é importante, acredite em mim! Mesmo se não estiver interessado, você precisa prestar atenção.

Por exemplo: seu pai quer contar a você a história da lâmpada elétrica. Olhe-o nos olhos e concorde com a cabeça enquanto ele estiver falando. Você pode pensar em outra coisa, mas precisa dizer coisas como: "É mesmo?" ou "Uau, eu não sabia disso!".

E não fique resmungando se seu pai não puder brincar com você. Quando você quiser brincar, vá até ele e pergunte com jeito. Mas saiba que qualquer que seja a resposta (sim, não ou talvez) você deve responder sempre da mesma forma: "Tudo bem, pai."

Nunca resmungue ou reclame. Isso manda os pais para o lado negro imediatamente.

CAPÍTULO SETE

O poder de um pai

{ *O pai ajuda você a ser você mesmo.* }

Seu pai quer que você faça as coisas sozinho e que seja um bom menino.

Quando você quer desistir, seu pai não deixa. Quando você cai da bicicleta, ele vai ajudar você a se levantar, mas logo em seguida vai fazer com que suba na bicicleta novamente. Você precisa seguir em frente, precisa aprender que pode fazer aquilo.

Se vocês estiverem jogando xadrez, seu pai não vai facilitar as coisas para você. Ele vai jogar para valer, mas vai te ajudar ensinando dicas e truques. Ele vai fazer com que seja mais difícil, então você vai aprender e se tornar alguém confiante.

O pai ajuda você a tomar as decisões certas. A não ser que seja algo que possa te machucar, ele provavelmente vai deixar que você experimente para ver como se sai.

Um pai também gosta que você aprenda com seus erros. Ele até pode deixar que fique jogando seus brinquedos para o alto sem dizer nada. Mas aí vários brinquedos vão cair na sua cabeça. E seu pai vai dizer: "Satisfeito?"

Seu pai quer que você cresça e se torne alguém orgulhoso, confiante, feliz e seguro. Ele o ensina a acreditar em si mesmo e a nunca desistir. É o trabalho dele como pai, mas acho que ele gosta muito disso!

Nunca subestime o poder de um pai.
Ele ajuda você a ser você mesmo.

AGRADECIMENTOS

Ao meu pai, é claro!